D1408256

A+ books

BILINGÜE/BILINGUAL

# Figuras en 3-D/3-D Shapes

# Cilindros

# Cylinders

por/by Nathan Olson

CAPSTONE PRESS

a capstone imprint

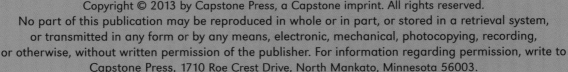
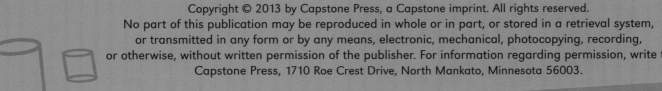

A+ Books are published by Capstone Press,
1710 Roe Crest Drive, North Mankato, Minnesota 56003.
www.capstonepub.com

Library of Congress Cataloging-in-Publication Data
Olson, Nathan.
  [Cylinders. Spanish & English]
  Cilindros = Cylinders / por/by Nathan Olson.
      p. cm. – (A+ bilingüe/bilingual: figuras en 3-D/3-D shapes)
  Includes index.
  ISBN 978-1-4296-9209-0 (library binding)
  ISBN 978-1-62065-187-2 (ebook PDF)
1. Cylinder (Mathematics)–Juvenile literature. 2.  Shapes–Juvenile literature. 3. Geometry, Solid–Juvenile
literature. I. Title. II. Title: Cylinders.
QA491.O44518 2013
516'.154–dc23
                                                                                      2011050096

Summary: Simple text and color photographs introduce cylinder shapes and give examples of cylinders in the
real world.

**Credits**
Jenny Marks, editor; Strictly Spanish, translation services; Alison Thiele, designer; Kathy McColley, bilingual book
    designer; Scott Thoms and Charlene Deyle, photo researchers; Kelly Garvin, photo stylist

**Photo Credits**
Capstone Press/Alison Thiele, cover (illustrations), 7 (illustration), 29 (illustrations); Karon Dubke, 4, 5,
    6, 8–9, 10, 11, 12–13, 14, 19, 20–21, 22, 23, 24–25, 29 (craft)
Fotolia/marilyna, 15
Getty Images Inc./Tim Graham, 26
iStockphoto/slobo mitic, 27
Peter Arnold/Jorgen Schytte, 16–17
Shutterstock/Cathleen Clapper, 18

**Note to Parents, Teachers, and Librarians**
This 3-D Shapes book uses full color photographs and a nonfiction format to introduce the concept of cylinder
shapes. *Cilindros/Cylinders* is designed to be read aloud to a pre-reader or to be read independently by an
early reader. Photographs help listeners and early readers understand the text and concepts discussed. The
book encourages further learning by including the following sections: Table of Contents, It's a Fact, Hands On,
Glossary, Internet Sites, and Index. Early readers may need assistance using these features.

Printed in the United States of America in North Mankato, Minnesota.
042012        006682CGF12

# Table of Contents

# Tabla de contenidos

# What Are 3-D Shapes?
# ¿Qué son figuras en 3-D?

Flat shapes on stickers are easy to see! These two-dimensional, or 2-D, shapes have height and width, but no depth.

Las figuras planas de las calcomanías son fáciles de ver. Estas figuras bidimensionales, o en 2-D, tienen altura y ancho, pero no tienen profundidad.

These beads are 3-D shapes. Three-dimensional shapes have height, width, and depth.

Estas cuentas son figuras en 3-D. Las figuras tridimensionales tienen altura, ancho y profundidad.

A cylinder is a 3–D shape with two circle–shaped bases. The middle of a cylinder is one smooth, curved surface.

Un cilindro es una figura en 3–D con dos bases en forma de círculo. La parte media de un cilindro es una superficie curva y lisa.

base/
base

6

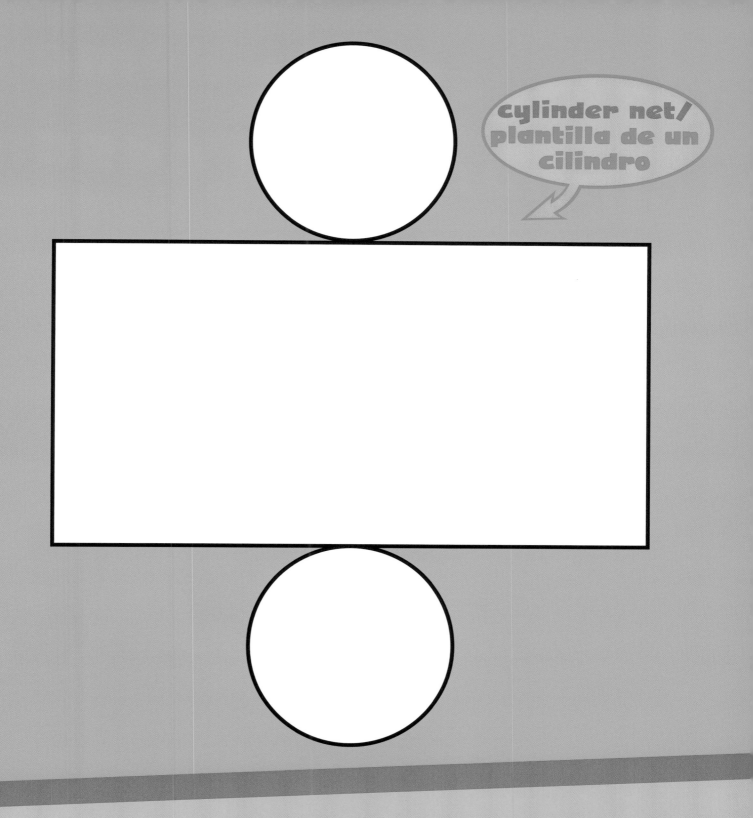

Two identical circles and one rectangle make the cylinder's net.

Dos círculos idénticos y un rectángulo forman la plantilla del cilindro.

# Cylinders at Home
# Cilindros en casa

A long, thin cylinder rolls colorful play dough smooth and flat.

Un cilindro largo y delgado aplana y alisa la plastilina.

Some cylinders flip their lids to hold what you throw away.

Algunos cilindros levantan sus tapas para guardar lo que tú tiras.

Pantry shelves hold cylinders full of food.

Las alacenas tienen cilindros llenos de comida.

11

Batteries are cylinder-shaped power packs that make toys go!

Las baterías son paquetes de energía en forma de cilindro que hacen funcionar a los juguetes.

13

Rat-a-tat-tat! Toy drums are cylinders you can tap, rap, and beat.

¡Ra-ta-ta-ta! Los tambores de juguete son cilindros que puedes tocar y golpear.

14

Other cylinders hold nuts and seeds that feathered friends love to eat.

Otros cilindros guardan nueces y semillas que a nuestros amigos emplumados les gusta comer.

# Cylinders at Work
# Cilindros en el trabajo

The big, powerful cylinder on a steamroller presses roadways smooth.

El cilindro grande y potente de una aplanadora alisa las calles.

17

Utility poles are tall cylinders that reach high in the sky. They hold wires for telephones and electricity.

Los postes son cilindros altos que llegan casi hasta el cielo. En ellos hay cables para el teléfono y la electricidad.

Painters change plain walls into colorful ones with a cylinder called a paint roller.

Los pintores transforman las paredes simples en coloridas con un cilindro llamado rodillo.

19

# All Sorts of Cylinders
# Todo tipo de cilindros

Abracadabra! A magician's wand is shaped like a cylinder. A tall magic hat looks like a cylinder too.

¡Abracadabra! La varita de un mago tiene forma de cilindro. Un sombrero alto de magia también parece un cilindro.

Hair wrapped around cylinders becomes
a bunch of bouncy curls.

El cabello que se enrolla alrededor de
unos cilindros forma rizos elásticos.

Checkers is a game played with short black and red cylinders.

Las damas son un juego que utiliza cilindros cortos negros y rojos.

Glowing cylinders on your birthday cake show how old you are. Make a wish!

Los cilindros que brillan en tu pastel de cumpleaños muestran cuántos años tienes. ¡Pide un deseo!

# It's a Fact

☐ Can you find a cylinder in your kitchen? Soup cans are almost always shaped like cylinders. The Campbell's soup can label is red and white. In 1900, Campbell's soups won a gold medal at the Paris Exposition in France. A picture of that medal appears on almost every can.

☐ Think you could toss a telephone pole? A traditional Scottish game called the caber toss involves throwing what looks like a small utility pole. Players hold up the cylinder and toss it end over end.

☐ Thread comes wound on cylinders called spools. Spools were once made of wood, but today they are almost always plastic.

☐ A huge cylinder in Malaysia is one of the tallest concrete towers in the world. It is made with more than 30 tons (27 metric tons) of concrete. That's about the same weight as 10 adult elephants!

☐ Cylinder–shaped columns called pillars appear on many government buildings. How many cylinders do you see on the California State Capitol building? (See page 27.)

# Datos interesantes

☐ ¿Puedes encontrar un cilindro en tu cocina? Las latas de sopa casi siempre tienen forma de cilindro. La etiqueta de la sopa Campbell's es roja y blanca. En el año 1900, las sopas Campbell's ganaron un medalla de oro en la Exposición de París en Francia. Una ilustración de esa medalla aparece en casi todas las latas.

☐ ¿Crees que podrías lanzar un poste de teléfono? Un juego tradicional escocés llamado lanzamiento de *caber* implica lanzar lo que parece un pequeño poste. Los jugadores levantan el cilindro y lo lanzan de un extremo a otro.

☐ El hilo viene enrollado en cilindros llamados carretes. Los carretes se hacían de madera anteriormente, pero ahora casi siempre son de plástico.

☐ Un cilindro enorme que hay en Malasia es una de las torres de concreto más altas del mundo. Está hecha con más de 30 toneladas (27 toneladas métricas) de concreto. ¡Pesa aproximadamente lo mismo que 10 elefantes adultos!

☐ Las columnas en forma de cilindro llamadas pilares se pueden ver en muchos edificios de gobierno. ¿Cuántos cilindros ves en el edificio del Capitolio del Estado de California?

# Hands On: Cindy the Cylinder
# Práctica: Cindy el cilindro

You can decorate a 3–D shape to make a friend named Cindy the Cylinder.

Puedes decorar una figura en 3–D para crear un nueva amiga llamada Cindy el cilindro.

## What You Need / Qué necesitas

☐ cylinder–shaped box or canister
   una caja o recipiente en forma de cilindro

☐ scissors
   tijeras

☐ glue or tape
   pegamento o cinta adhesiva

☐ construction paper
   papel de construcción

☐ decorations
   (buttons, pipe cleaners, felt, googly eyes, yarn)
   decoraciones
   (botones, limpia pipas, fieltro, ojos de plástico, estambre)

# What You Do / Qué tienes que hacer

**1** Glue or tape a strip of construction paper around the cylinder.

Pega con el pegamento o cinta adhesiva una tira de papel de construcción alrededor del cilindro.

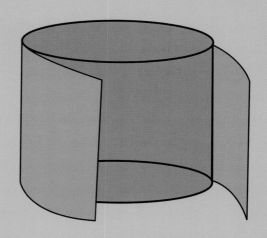

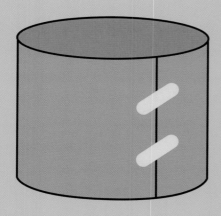

**2** Glue decorations on the cylinder to make a funny face for Cindy.

Pega las decoraciones en el cubo para hacerle una cara graciosa a Cindy.

# Glossary

base—a flat side that a 3-D shape can stand on

depth—how deep something is

height—how tall something is

identical—exactly alike

three-dimensional—having length, width, and height; three-dimensional is often shortened to 3-D

two-dimensional—having height and width; flat; two-dimensional is often shortened to 2-D

utility pole—a tall, smooth cylinder made of wood, metal, or plastic that is used to hold wires that carry electricity

width—how wide something is

# Internet Sites

FactHound offers a safe, fun way to find Internet sites related to this book. All of the sites on FactHound have been researched by our staff.

Here's all you do:
Visit www.facthound.com
Type in this code: 9781429692090

Super-cool stuff! Check out projects, games and lots more at www.capstonekids.com

30

# Glosario

la altura—qué tan alto es algo

el ancho—qué tan ancho es algo

la base—un lado plano sobre el que se puede sostener una figura en 3–D

bidimensional—que tiene altura y ancho; plano; bidimensional a menudo se abrevia como 2–D

idéntico—exactamente igual

el poste—un cilindro alto y liso hecho de madera, metal o plástico que se usa para sostener cables que conducen electricidad

la profundidad—qué tan profundo es algo

tridimensional—que tiene altura, ancho y profundidad; tridimensional a menudo se abrevia como 3–D

# Sitios de Internet

FactHound brinda una forma segura y divertida de encontrar sitios de Internet relacionados con este libro. Todos los sitios en FactHound han sido investigados por nuestro personal.

Esto es todo lo que tienes que hacer:
Visita www.facthound.com
Ingresa este código: 9781429692090

 ¡Algo súper divertido! Hay proyectos, juegos y mucho más en www.capstonekids.com

# Index

# Índice